LETTRES

DU GÉNÉRAL D'ARLANGES

A M. LE PRÉSIDENT

DE LA CHAMBRE DES DÉPUTÉS,

EN RÉPONSE

AU DISCOURS DE M. LE RAPPORTEUR DE LA COMMISSION
DES CRÉDITS SUPPLÉMENTAIRES.

A M. le Président de la Chambre des députés.

Paris, 27 mars 1837.

Monsieur le Président,

Le rapport de la Commission d'Afrique à la Chambre des Députés compromet mon honneur militaire. On m'accuse, on me juge, on me condamne... On ne m'a pas entendu.

Eh bien ! Monsieur le Président, je nie avoir jamais agi sans ordre ; je nie que le camp de la Tafna ait jamais été attaqué ; je nie que les troupes que je commandais aient été battues. Je prends l'engagement de prouver toutes ces choses et beaucoup d'autres. Je suis loin d'accuser les intentions de la Commission ; mais elle a été mal informée ; elle a travaillé sur pièces inexactes ; car je déclare inexacts et souvent controuvés, les faits rapportés par le *Moniteur algérien*, où tout m'indique qu'elle a puisé ses convictions. La plupart des articles publiés par ce journal n'ont pas d'analogie avec les rapports que j'ai adressés ; quelques uns sont entièrement faux.

Aucun des dépositaires de l'autorité ne m'ayant fait appeler depuis mon retour en France, je m'en félicitais sous beaucoup de rapports.

Aujourd'hui ma réputation est attaquée, je me défendrai d'autant plus volontiers que je n'ai à raconter que des faits glorieux pour les troupes que je commandais.

Agréez, etc.

Monsieur le Président,

Le temps me manque, l'opportunité m'échappe. Il m'a été impossible de préparer et de faire imprimer en si peu de jours des réponses détaillées à des accusations que je ne devais pas prévoir. J'attends pourtant de l'impartialité de la Chambre qu'elle voudra examiner avec attention le peu d'explications que je lui soumets. Je me renferme strictement dans ce qui m'est personnel.

Je suis accusé de désobéissance formelle. Voyons donc d'abord en quoi j'ai pu contrevenir aux intentions de mon chef : je ne pense pas qu'il m'ait désavoué ; j'espère qu'il ne me désavouera pas.

Je lis dans le rapport approuvé par M. le maréchal

Clausel, en date du 14 avril 1835 (Pièces justificatives, n° 1) :

« Nous avons reconnu que la seule communication » possible (avec Tlemcen) est par Raschgoun.... »

Si donc je devais sauver Tlemcen d'un danger imminent, c'était par Raschgoun que je devais le tenter ; c'était d'ailleurs ma propre conviction.

On lit quelques lignes plus bas : « L'établissement » sur le littoral de Raschgoun est donc tout-à-fait indis- » pensable ; il faut le créer le plus tôt possible. »

Quand même les instructions données par M. le maréchal, lors de sa reconnaissance à l'île de Raschgoun, n'auraient pas autorisé cette entreprise *tout-à-fait indispensable*, ne serait-elle pas justifiée par une opinion aussi formellement énoncée ?...

Examinons cependant s'il y avait réellement urgence de ravitailler Tlemcen, et si j'aurais pu le faire plus tard ; mais éloignons-nous d'abord de la Tafna, pour juger sans passion les motifs qui me prescrivaient d'agir.

Je suppose qu'avant, ou même après l'arrivée des vaisseaux qui venaient chercher plus de la moitié de mes troupes, on m'eût annoncé que l'une quelconque des garnisons sous mes ordres, séquestrée de toute communication, manquant de vêtements, de vivres et de munitions, allait infailliblement succomber et périr si elle n'était soutenue ; que des germes de méfiance et de désunion se manifestaient entre les Français et les indigènes qui la composaient ; qu'il n'y avait plus de salut pour elle après le départ des troupes ; mon devoir était-il de suspendre l'embarquement, ou de sacrifier par une obéissance aveugle une place dont la conservation m'était confiée, en livrant au fer de l'ennemi sa garnison ?

Au lieu d'obéir à un ordre donné dans des circonstances toutes différentes, j'aurais dit du gouvernement comme des dieux : « Il ne peut m'ordonner un » crime. »

Telle était pourtant la déplorable alternative où me plaçait l'ordre invoqué contre moi. La garnison de Tlemcen aurait pu vivre sur ses faibles ressources jusqu'à la fin de mai (1). Dans une de mes lettres à M. le maréchal, écrite de l'embouchure de la Tafna le 17 avril, jour de notre arrivée, je trouve les passages suivants :

« Vous aviez manifesté le désir d'établir un poste » retranché à la Tafna ; d'un autre côté il devenait de » plus en plus indispensable de communiquer avec » Tlemcen, etc. L'émir avait accrédité le bruit que Tlem- » cen allait être évacué par nous, qu'en conséquence la » population turque et maure lui serait livrée. La gar- » nison française pensait que les Turcs, imbus de cette » idée, pourraient la livrer pour sauver leurs vies. Ces » mutuelles défiances ont été adoucies autant que pos- » sible, par l'intelligence et la fermeté du commandant » Cavaignac ; mais elles existent ; et même à Oran, lors- » que je me suis mis en route, le peuple était imbu de » l'idée que j'allais retirer le bataillon de Tlemcen. »

Les germes de méfiance et de désunion existaient donc. (Voir aux pièces justificatives, n° 2.)

En quittant Tlemcen au mois de février, nous avions laissé au bataillon pour environ quatre mois de blé tiré des silos environnants ; il n'avait pas de vêtements, pas de médicaments. Il serait trop long de détailler ici tout ce qu'a déployé de vigueur et de capacité, pour

---

(1) Notre présence sur la Tafna y ayant attiré l'émir, le marché était approvisionné, et la garnison aurait subsisté plus long-temps.

suppléer à tout, le commandant Cavaignac, dont à peine on a daigné parler.

On le voit, la garnison bloquée allait bientôt succomber au besoin; elle était désunie, il y avait urgence d'aller à son secours.

On insistera sur la question d'opportunité; on dira que j'aurais dû d'abord obéir, et ravitailler plus tard Tlemcen.

A cette objection, je répondrai par des chiffres; le chiffre devient la langue nationale. Je ne parlerai d'abord que de l'infanterie, car l'embarquement prescrit ne changeait pas l'effectif des autres armes.

J'avais, pour mon expédition, réuni toutes mes ressources; j'avais fait appel à la garde nationale, et armé les pionniers de discipline. Je n'avais pu emmener que 2,600 baïonnettes.

L'ordre d'embarquement comprenait:

1° 17ᵉ léger pour Bone, environ	1,500	
2° 69ᵉ de ligne pour France, environ	1,200	
3° Compagnies de discipline, *id. id.*	220	
Total à embarquer,	2,920	ci 2,920
Total disponible avant l'embarquement,	2,600	ci 2,600
Reste en moins après l'embarquement,	320	

Mon effectif pour toute la province allait être réduit à un fort bataillon d'Afrique et à deux très faibles bataillons du 47ᵉ de ligne; plus le bataillon de Tlemcen bloqué comme l'auraient été toutes les autres garnisons: ce total formait un effectif de 2,800 hommes, à peu près, sur lesquels j'avais à fournir dans la plus stricte rigueur:

1°	A Mostaganem,	5oo
2°	A Arzew,	2oo
3°	A Mers-el-Kébir,	2oo
4°	Au Figuier,	5o
5°	A Tlemcen,	5oo
6°	A l'île de Raschgoun,	15o
7°	Dans les redoutes d'enceinte,	3oo
	Total	1,900

Restait donc pour la place d'Oran, pour les escortes et les colonnes mobiles, 9oo hommes ; auxquels il convient d'ajouter le régiment de chasseurs, qui n'avait que 35o chevaux, et dont les hommes démontés auraient concouru au service de la place.

Cependant, je lis dans les explications de M. le maréchal (page 139) qu'on ne peut conserver la province d'Oran avec moins de 5,ooo hommes de colonnes mobiles, *en sus des garnisons.* Et voilà la position qu'on me réservait ; et je suis attaqué depuis près d'un an ; et je me suis tu malgré des raisonnements si péremptoires ; et c'est parce que je me suis tu sur cela et sur beaucoup d'autres choses, que je me vois aujourd'hui accusé devant l'opinion publique, qui va juger en dernier ressort.

J'ai eu l'honneur de vous mander, monsieur le Président, que je nie l'exactitude d'une partie des pièces dans lesquelles la Commission a puisé ses convictions ; j'en nie donc aussi les conséquences, toutes logiques qu'elles puissent paraître. Je vais suivre article par article, et seulement en ce qui me concerne, le rapport lu à la Chambre, page 65.

EXTRAIT DU RAPPORT DE LA COMMISSION.

OBSERVATIONS.

Pour se dispenser d'obéir à des ordres dont il prévoyait l'arrivée prochaine, de quel moyen s'avisa le général d'Arlanges? Ce fut de partir le 7 avril pour une expédition que le gouverneur-général ne lui avait pas prescrite, dont il avait été seulement question entre eux d'une manière plus ou moins arrêtée.

Le corps expéditionnaire, fort de 3,000 hommes, après avoir dans sa route rencontré et repoussé Abd-el-Kader, arriva le 16 à l'embouchure de la Tafna; et le 17, convaincu que, puisqu'il avait réussi dans son entreprise, il était justifié, le général d'Arlanges écrivit au gouverneur-général :

« Les troupes rentraient à » peine de la longue et brillante » expédition du général Perre-» gaux; elles avaient besoin de » repos; mais toute perte de » temps pouvait renverser mes » projets; j'étais poursuivi de » l'idée de voir arriver à toute » heure les vaisseaux et les or-» dres qui, *dans l'état actuel des* » *choses, pouvaient perdre nos* » *affaires.* Je me mis donc en » route le 7 de ce mois. »

Les vaisseaux et les ordres arrivèrent comme on l'avait prévu, et ne trouvèrent plus les troupes qui devaient revenir en France. M. le gouverneur-général, au lieu de rappeler le général d'Arlanges, s'associa à son expédition. En effet, il ne fit partir le colonel Le Mercier qu'après avoir appris la marche vers la Tafna du général d'Arlanges.

Le colonel Le Mercier cédant

Ainsi la commission a pensé que mon principal but était *de me dispenser d'o-béir;* et que je n'étais pas mû par la conscience intime des résultats d'un ordre qui, *dans l'état actuel des choses, pouvait perdre nos affaires.*

Je n'avais effectivement pas encore d'ordre *écrit* quand je suis parti. Mais je crois pouvoir affirmer que le colonel Le Mercier, et le lieutenant-colonel Savard, de l'arme du génie, les généraux Perregaux et Lasnon, le colonel Maussion, chef de mon état-major, et les autres officiers qui, comme moi, ont assisté à la reconnaissance du 14 février, ont aussi compris comme moi les intentions alors énoncées par M. le maréchal, et si expressément confirmées depuis dans le rapport ci-annexé du 14 avril.

Le colonel Le Mercier n'est effectivement arrivé sur la Tafna que le 20 au matin, et j'y étais depuis le 17. Mais j'étais à temps de retourner à Oran, s'il m'en eût apporté l'ordre. Les Marocains n'étaient pas arrivés; les chemins ouverts par le génie subsistaient; et je n'aurais pas même trouvé sur mon chemin les Arabes que nous avions battus le 15, car ils étaient encore dispersés.

Le *camp a déjà coûté* 230,000 fr.

à un entraînement qui était devenu contagieux, dépassa ses instructions; il établit un camp retranché dans des proportions plus grandes que celles qui avaient été convenues avec le gouverneur-général. A la vérité, il paraît que la nature des lieux nécessitait cette extension. Toujours est-il que le camp de la Tafna, qui devait être terminé dans quelques jours, n'est pas encore achevé complétement. Il a déjà coûté 230,000 francs; il en coûtera au moins 256,000.

Et quels avantages pouvons-nous tirer de cette création dispendieuse?

300 hommes postés à l'embouchure de la Tafna étaient, suivant le gouverneur-général, le général d'Arlanges et le colonel Le Mercier, un infaillible moyen d'assurer la communication régulière avec Tlemcen. Au lieu de 300 hommes, on en a employé 3,000; et vous savez que dès leur arrivée ils ont été incessamment harcelés par les tribus arabes et kabaïles, à la tête desquelles s'est trouvé Abd-el-Kader.

il en coûtera au moins 256,000. On va donc continuer la dépense; et pourquoi même l'a-t-on commencée, *puisque cette création dispendieuse ne présente aucun avantage?*

Je suis, quant à moi, étranger à cette affaire, quoique je la trouve d'absolue nécessité tant qu'on occupe Tlemcen.

Lorsque j'eus reconnu sur le terrain l'impossibilité de laisser là moins de 800 ou de 1,000 hommes, j'avais renoncé à y laisser garnison. J'avais prescrit au commandant du génie Perreau d'exécuter seulement des mouvements de terrain à la tour et à l'embarcadaire, pour faciliter un débarquement ultérieur. Ce travail était exécuté par les soldats *sans aucune dépense*, et seulement en attendant les objets qui venaient par mer, pour être transportés à Tlemcen. Je comptais de là m'en retourner directement à Oran, en emmenant tout mon monde.

Ces travaux s'exécutaient fort en arrière du camp. Nous ne nous étions donc pas réfugiés derrière des retranchements élevés à la hâte, comme on l'a imprimé quelque part. Mon quartier-général même était fort en avant du point où l'on travaillait alors. (Voir les plans.)

Je n'ai jamais dit ni écrit que, dans mon opinion, 300 hommes pussent suffire à un camp permanent sur ce point. *Au lieu de* 300 *hommes, on en a employé* 3,000. Mais n'est-ce pas confondre l'occupation avec l'expédition?

Dès notre arrivée, nous avons été incessamment harcelés; je prends dans mon registre de correspondance ma réponse à cette assertion.

Au général Rapatel, 24 avril, n° 75.

« Les Arabes ont été trois jours sans se
» montrer autour de nous, quoique nous
» fissions chaque jour des fourrages plus
» ou moins éloignés. Hier le fourrage les
» trouva en assez grand nombre, à un
» peu plus d'une lieue d'ici. Tout se
» borna à quelques coups de fusil qui
» n'interrompirent pas le travail. En ce
» moment ils se montrent beaucoup plus
» près qu'ils ne l'ont fait, mais peu nom-
» breux, et ils tiraillent quelques coups
» de fusil *hors de portée*, etc. »

Plusieurs fois leurs vives at-

Jamais les Arabes n'ont attaqué le

taques avaient échoué; *mais*, le 25 avril, une reconnaissance ayant été tentée à deux lieues du camp, avec la plus grande partie de nos forces, le général d'Arlanges fut obligé de rétrograder.

camp; et plût à Dieu qu'ils l'eussent fait.

J'aurai encore ici recours à mon registre de correspondance; je dois supposer d'ailleurs que la commission a toutes mes lettres; je la supplie de s'y reporter; elle y trouvera :

A M. le Maréchal, 3o avril, n° 82.

« Hier l'ennemi s'est présenté de toutes » parts autour du camp, mais n'a osé » l'attaquer, etc. »

Au général Rapatel, 3 mai, n° 84.

« Toute son armée (d'Abd-el-Kader) se » développa et circula sur les hauteurs qui » dominent le camp : aucune attaque » n'eut lieu. »

Au général Rapatel, 8 mai, n° 89.

« L'ennemi paraît sur toutes les hau- » teurs environnantes, mais généralement » au loin. Seulement du côté de l'est, 4 ou » 5oo cavaliers se sont montrés à grande » portée de tirailleurs. Après l'échange de » quelques coups de fusil, sans autre ré- » sultat qu'un de leurs cavaliers tué, ils » se retirent. »

Ainsi je n'ai jamais eu occasion de faire échouer *leurs vives attaques.*

Mais le 2 5 avril, etc.... Ce *mais* adversatif signifie donc que le 2 5 avril ils n'ont pas *échoué*; qu'ils nous ont battus, et que la reconnaissance *tentée* n'a pu être effectuée? Or la reconnaissance a été complète; et si, avant de l'avoir faite, je m'étais enfourné sur la direction de Tlemcen, encombré de bagages et contre des forces aussi supérieures que l'émir dissimulait, il est plus probable que le petit corps que je commandais aurait été détruit en entier.

Je suis étranger à ce qu'a imprimé le *Moniteur algérien* sur les pertes de l'ennemi dans cette journée. Je les ignorais alors, et je ne mande que ce que je sais. J'ai écrit que ces pertes étaient immenses, parce que j'ai vu les effets de notre tir et ceux de la mitraille dans des masses confuses, qui nous serraient de si près, que nous avons eu des soldats blessés à coups de pierres, des tirailleurs saisis au corps, et tout cela sans une minute de désordre.

C'est long-temps après, et par les Hadars de Tlemcen, que nous avons su que 45o morts ont été rapportés dans les camps ennemis; et nous avons eu 33 hommes

tués. Dieu veuille que nos armées n'é-
prouvent jamais que de semblables dé-
faites !

C'est aussi par Tlemcen que nous avons
connu les forces ennemies ; dans mes rapports, je les avais évaluées à 8000 hommes;
elles excédaient 10,000. Je me suis toujours tenu en garde contre les boursou-
flures du style de bulletin ; j'ai eu tort;
c'est mon seul tort.

Enfin, un mois après seulement, le
26 mai, M. le lieutenant-général Rapatel
m'écrivait, sous le n° 1,080, la phrase
suivante, extraite de la correspondance
du colonel Barthélemy, qui commandait
à Oran en mon absence : « M. le général
» d'Arlanges ne vous dit pas à combien
» s'élève la perte des ennemis, parce
» qu'il l'ignore. Mais d'après les rensei-
» gnements qui me parviennent de l'in-
» térieur de la province, par les Arabes
» venant au marché, elle s'élève à plus de
» 2,000 hommes. »

Ainsi ce sont les Arabes eux-mêmes
qui se sont chargés de donner un dé-
menti aux bruits sinistres qu'on propageait
en France.

Puisqu'on me force à me défendre, il
faut bien enfin que je signale l'origine de
ces bruits qui ont compromis ma réputation et consterné tant de familles.

La gabarre *La Marne* nous avait apporté des vivres et des munitions : la
tempête l'empêcha d'aborder la côte; elle
mouilla sous le vent de l'île et s'y déchargea,
sans pouvoir communiquer avec nous. La
vivacité du feu qu'elle avait vu et entendu,
seulement de son mouillage, fit apparemment supposer à l'équipage que nous
étions anéantis. Elle partit dans la nuit,
et sans autre renseignement que ses tristes
conjectures, elle courut annoncer à Oran
et à Alger notre destruction. Ce fut sous
cette impression qu'une multitude de lettres furent jetées à la poste et répandi-
rent la consternation en France. Cependant
dant le même jour que *la Marne*, et
quelques heures plus tard, la gabarre
l'Agathe arriva à Alger. Elle portait plusieurs passagers qui n'avaient quitté la
Tafna que dix jours après *la Marne* :
entre autres le major Huber, de la Con-
fédération suisse. Cet officier supérieur

Depuis ce moment nos troupes furent bloquées dans le camp; la tempête éloignant les vaisseaux de la côte, elles étaient menacées de mourir de faim. Le général, dont la fermeté d'âme ne s'était pas un instant démentie, ne voyait qu'un coup de désespoir qui pût le sauver de la position périlleuse dans laquelle il s'était jeté.

avait pris part à nos affaires; il était blessé. Les renseignements qu'il apportait étaient précis, et cependant il avait peine à persuader. Chacun à Alger lui demandait comment il avait pu s'échapper du massacre général. Les lettres étaient parties : et les impressions produites par cette grave inconséquence paraissent n'être pas encore effacées. J'en écrivis immédiatement à M. le ministre de la marine.

Le général d'Arlanges fut obligé de rétrograder.

Oui sans doute; mais c'est assez l'usage des reconnaissances; et cette obligation m'était imposée avant le départ. Je n'avais fait mettre dans le sac que le pain de la journée, tout moisi qu'il était. Et où serais je donc allé? serait-ce à Maroc ou à Tanger? Je marchais à l'ouest, tournant le dos à la Tafna, et non pas dans les gorges de la Tafna, comme le dit le *Moniteur algérien*. Nous étions à deux lieues de ces gorges : elles sont sur la direction de Tlemcen. C'est apparemment de là qu'on a conclu que j'ai été battu en marchant sur cette place, et que j'ai pallié une défaite par une acception jésuitique du mot *reconnaissance*. On me connaît peu et on me connaît mal. Ces subterfuges sont au-dessous de mon caractère. (Voir sur les plans la position de Sidi-Yacoub.)

Ce même jour, 25 avril, et deux heures après la rentrée au camp, j'ai fait faire un fourrage à une demi-lieue. Nous n'étions donc pas si étroitement bloqués qu'on se plaît à le dire.

La faim est, en effet, le seul danger réel que nous ayons jamais couru. Mais la tempête ne pouvait être éternelle; quand le temps a permis de rouvrir la communication, nous avions encore deux jours de riz et nos chevaux à consommer. Il y avait sans doute lieu à s'inquiéter, mais non à désespérer.

Le général *ne voyait qu'un coup de désespoir,* etc.

M. le rapporteur n'a pas remarqué qu'en exprimant d'une manière absolue ce que je n'exprimais que dans un sens conditionnel, mon idée se trouve dénaturée.... (Voir les pièces justificatives, n° 3.) *Si* je ne reçois pas de secours; *si* Maroc continue ses hostilités; *si* tout autre voie

La faute était d'autant plus grave, qu'Abd-el-Kader, pendant qu'il tenait emprisonné le général français, poussait les tribus qui lui étaient dévouées contre celles qui nous étaient fidèles, leur faisait enlever leurs femmes et leurs troupeaux, et portait la guerre jusque dans les murs d'Oran.

m'est refusée, il ne me restera qu'un coup de désespoir à tenter, c'est-à-dire une route de plusieurs jours par terre, contre des forces quintuples, et en laissant les blessés. Encore mandé-je formellement que je ne le tenterais pas sans ordre. (n° 4.) Je n'étais donc pas très pressé *de me sauver*.

J'avais déjà même exprimé cette condition formelle d'un ordre supérieur, dans une lettre de même date (Pièces justificatives n° 4). L'embarquement de plus de 1,000 chevaux était en effet impossible avec les faibles moyens dont disposait alors la marine. *Il faudra donc*, disais-je, *suivre la route par terre ; mais c'est jouer si gros jeu que je ne l'entreprendrai pas sans ordre.*

Dans cette même lettre je demandais seulement trois bataillons complets, et je répondais de tout : j'en répondrais encore : d'autant plus qu'il était probable que les Cabaïles marocains ne resteraient pas long-temps après les pertes qu'ils avaient essuyées le 25. Ils ne prennent jamais de vivres que pour une dizaine de jours, et ils emportent leurs morts à leurs tribus. M. Méchain, consul à Tanger, m'a mandé depuis, que ces pertes les avaient tellement atterrés, que, malgré leurs forfanteries habituelles, ils sont rentrés chez eux à petit bruit, sans réjouissances, sans étalage de têtes coupées, de dépouilles enlevées, etc. Peut-être M. le colonel de La Rue a-t-il eu les mêmes renseignements sur les lieux.

Cette dernière imputation couronne l'œuvre, et donne la mesure de toutes les autres ; elle révèle sous quelle influence morale elles ont été formulées.

Ma faute est *d'autant plus grave* que j'ai livré nos tribus fidèles aux attaques de l'émir en réduisant la garnison d'Oran. Or, ces attaques ont eu lieu le 25 mai, et les vaisseaux qui devaient réduire cette même garnison d'un nombre d'hommes plus considérable encore, étaient arrivés à Oran plus d'un mois auparavant. Ainsi c'est de France et de Bone que les troupes embarquées auraient défendu nos alliés ! En vérité, la raison se confond devant des accusations si graves et si légèrement portées. Je ne me permettrai pas de les qualifier.

Jamais nos affaires n'avaient été si compromises dans les provinces d'Oran, qu'au moment où le général Bugeaud fut envoyé pour les rétablir.

Si je ne pensais que le public, préoccupé d'affaires plus importantes, pût trouver le loisir de les peser, je n'y répondrais pas.

M. le rapporteur n'a pas remarqué qu'en visant sur moi il tire plus haut.

Non seulement ces attaques, dont on me fait responsable, auraient eu le même succès à la même époque, sans que je pusse les prévenir; mais certainement Tlemcen, et probablement Arzew, seraient tombés peu de temps après, par suite des ordres que je devais exécuter sans discernement, et auxquels, malgré tout, il était indispensable de contrevenir.

Nonobstant *mon emprisonnement*, je m'étais embarqué le 24 mai avec 350 hommes pour prévenir cette attaque; mais j'arrivai trop tard à Oran le lendemain.

Ainsi, d'après l'exposé de M. le rapporteur, le plus grand fléau qui ait jamais pesé sur la province d'Oran, c'est mon commandement. Il ne manque à tous les maux que j'ai déversés sur elle que la réalisation des contes répandus par la gabarre *la Marne*. Observons cependant que les ordres donnés par le gouvernement, préparaient à cette province un avenir plus funeste encore que notre destruction, puisqu'ils lui enlevaient plus d'hommes qu'il ne m'en restait alors à sacrifier.

C'est du haut de la tribune qu'on me déverse le blâme; c'est devant la France entière qu'on me traduit, et à peine pourrai-je faire entendre ma voix de quelques centaines d'individus. Et si du même tribunal un autre orateur, prévenu ou contre moi ou en faveur d'un tiers, m'accusait d'un crime, quels moyens de défense pourrais-je donc employer pour sauver mon honneur outragé à mon insu?

Loin de moi la pensée d'atténuer en rien les succès du général Bugeaud, d'en contester les résultats, ou de lui envier les éloges de M. le rapporteur; mais si ce n'eût été un parti pris de faire de moi un bouc émissaire, on aurait pu observer que c'était avec 3,000 hommes seulement que les troupes sous mes ordres avaient battu et dispersé celles de l'émir le 15 avril; que le 25, 2,000 hommes n'ont pas été entamés par des forces quintuples; que depuis on a reçu d'Alger 400 hommes, et de France 4,500; qu'enfin plus de 5,000 Marocains avaient quitté Abd-el-Kader; ce qui a changé les moyens relatifs à peu près dans le rapport de cinq à un.

S'il ne s'agissait que de mes disgrâces personnelles, j'aurais peut-être continué à les subir en silence comme je le fais depuis dix mois; mais on compromet de braves gens que j'ai eu l'honneur de commander et qui ont assez souffert. Il est de mon devoir de détourner de leurs têtes le ricochet de la flétrissure qu'on me jette, et que je ne dois accepter ni pour eux ni pour moi.

Veuillez agréer, monsieur le Président, la haute considération avec laquelle je suis,

Votre très humble et très obéissant serviteur,

Le général D'ARLANGES.

P. *S.* On me dit que des notes de M. le maréchal Maison me seront encore opposées, et qu'elles résultent d'explications à lui données par M. le maréchal Clausel. J'ai peine à le croire, et je ne puis y répondre provisoirement que par la citation des deux lettres annexées aux Pièces justificatives (n. 6 et 7).

Si une telle citation compromet ma modestie, les attaques non méritées dont je suis l'objet compromettent encore plus mon amour-propre.

———

Depuis que cet écrit est terminé, j'apprends que 16,000 hommes vont être réunis dans la province d'Oran. Ce qui achève de prouver combien j'étais coupable lorsque je ne me résignais pas à la défendre avec moins de 3,000.

RAPPORT

Sur l'établissement à former à l'embouchure de la Tafna, en face de l'île de Rachgoun.

Nous occupons, depuis le mois d'octobre 1835, l'île de Rachgoun dans le but : 1° d'empêcher le commerce d'exportation des grains qui échappait à nos douanes ; 2° d'ouvrir une communication avec Tlemcen, dont la citadelle était occupée par des Turcs qui se battaient pour nous.

Mais l'occupation de l'île est devenue insuffisante, parce qu'elle ne donne aucune action sur le littoral, qui en est à 2,000 mètres, et qu'elle ne permet nullement de communiquer, même par lettre, avec Tlemcen.

Cependant, depuis la dernière expédition d'Oran, qui nous a conduits à Tlemcen, nous avons reconnu que la seule communication possible avec cette ville est par Rachgoun. Il n'y a, en effet, de ce point à Tlemcen, que quatorze lieues, distance que l'on pourrait franchir en un ou en deux jours au plus ; tandis que la communication par terre exige six jours de marche environ. L'établissement sur le littoral de Rachgoun est donc tout-à-fait indispensable, il faut le créer le plus tôt possible, afin d'être en mesure de ravitailler facilement le bataillon de Tlemcen.

Or, les circonstances semblent favoriser l'établissement dont il s'agit. Les tribus de l'Est se sont soumises, celles de la rive droite de la Tafna paraissent disposées à cesser les hostilités ; l'effet produit par les deux expéditions de Mascara et de Tlemcen a encore du retentissement, et Abd-el-Kader peut à peine réunir quelques centaines d'hommes.

Il y a deux moyens de s'emparer de l'embouchure de la Tafna :

Le premier, par un débarquement de troupes ;

Le second, par une expédition partant d'Oran et suivant le littoral.

C'est cette dernière qui paraît seule praticable dans l'état actuel de nos moyens de transport par mer ; cependant il faudra un bateau à vapeur et de fortes chaloupes pour amener, de l'île à terre, tout le matériel qui est déjà arrivé depuis le mois de janvier, époque à laquelle nous étions à Tlemcen.

TRAVAUX A EXÉCUTER.

Les travaux à exécuter consisteront :

1° En une espèce de tête de pont en terre sur la rive droite de la Tafna, embrassant le point de débarquement, et dont la tour actuelle, qui est en maçonnerie, servira de réduit ;

2° En une forte redoute sur la hauteur en avant, avec un blockaus au centre ;

3° En un second blockaus pour assurer la communication de la redoute à la tête de pont.

Il faudra pour l'organisation de ces moyens de défense :

Trois compagnies de sapeurs, dont une tirée d'Alger ;

Quatre à cinq cents travailleurs d'infanterie ;

Deux pièces de 8 dans la grande redoute ;

Deux *id.* dans la tête de pont.

Quant à la force de la garnison, je crois que, dans le commencement, elle devra être de 300 hommes au moins ; ils logeront dans deux baraques, dont une dans la tête de pont, et l'autre dans la redoute de la hauteur en avant ; les deux blockaus contiendront le reste.

On peut évaluer à huit ou dix jours la durée des travaux, mais elle est susceptible de diminution, suivant la nature du

terrain qu'on rencontrera, et suivant le nombre des travailleurs d'infanterie qui seront mis à ma disposition.

Un bateau à vapeur est nécessaire pendant toute la durée
de l'opération, pour remorquer les chaloupes qui iront
dans l'île chercher des matériaux, et pour tirer sur le
rivage si les attaques des Arabes deviennent sérieuses.

Alger, le 14 avril 1836.

Le colonel directeur des fortifications,

Signé LE MERCIER.

Approuvé pour être exécuté immédiatement,

Signé M^{al} CLAUSEL.

Pour copie conforme,

Le lieut.-général commandant les troupes en Afrique,

Signé Bon RAPATEL.

Pour copie conforme,

Signé le G^{al} D'ARLANGES.

N° 2.

Au capitaine Franconin, commandant l'île de Raschgoun.

Oran, 2 avril 1836.

MON CHER CAPITAINE,

Vous allez vous retrouver avec le même juif, en communication avec Bou-Ameydi. Ayez soin de ne pas vous compro-
mettre avec les gens qui pourraient vous faire des signaux
pour vous tromper. Je compte infiniment peu sur la bonne
foi de cet Arabe; mais il n'en faut pas moins lui témoigner
une confiance apparente; c'est un ami de l'émir. Vous devez
en user de même avec le juif : mais ne lui dites que ce que
vous voulez qui soit su. Engagez ceux de vos officiers qui
pourraient écrire à Tlemcen, de ne rien dire qui demande le
secret. Cette correspondance avec Bou-Ameydi peut avoir

sans doute de bons résultats; elle a aussi ses inconvénients. Ainsi Abd-el-Kader en a fait tirer à ses gens la conclusion que je lui faisais des avances, et que la France allait traiter avec lui; ce qui a beaucoup effrayé les Turcs et les Colouglis. Il a également répandu le bruit qu'il est en pourparler avec ces derniers, pour lui livrer le Méchouar et les Français. Ces absurdités trouvent crédit chez les esprits faibles. Ainsi, engagez vos officiers à ne point mander ce qui peut alarmer. Ne faites pas non plus trop d'avances à Bou-Ameydi; et ne paraissez pas avoir trop besoin de son commerce. Explorez la côte sans le lui faire connaître. Sachez s'il n'existe pas près du rivage quelque source d'eau douce; quels sont les lieux abordables, etc. Le général Perregaux a eu de brillants succès et est rentré hier. L'Est est pacifié, au moins pour le moment.

Je compte sortir après-demain pour une nouvelle expédition. Les uns me font aller à droite, les autres à gauche. Ils sont tous plus habiles que moi; car je n'ai d'autre idée que celle de suivre l'ennemi: ainsi ce serait à lui qu'il faudrait demander ma marche. Si vous revoyez Bou-Ameydi, faites-lui entendre que mon désir est qu'il se charge de faire porter mes paquets et mes lettres à Tlemcen par des agents de son choix que nous payerons. Tenez note de toutes vos avances que je prendrai à mon compte; proposez par exemple une pièce de cinq francs pour toute lettre dont on apporterait le reçu.

Votre dévoué serviteur,
D'ARLANGES.

N° 3.

A M. le lieutenant-général baron Rapatel.

27 avril 1836.

Mon général,

La lettre du commandant Cavaignac, que j'ai l'honneur

de vous adresser, vous fera apprécier, mieux que je ne saurais faire, notre position dans l'ouest de la Régence. Il me semble difficile que Tlemcen se soutienne indéfiniment, si des expéditions sur ce point n'ont pas lieu au moins deux fois l'année , pour la ravitailler, et soutenir le moral de cette garnison, séquestrée de tout commerce humain. Or ces expéditions deviennent réellement impossibles, tant qu'Abd-el-Kader dispose contre nous des forces de Maroc. Le poste même que nous établissons ici, et que M. le maréchal considère comme un moyen de communication , ne remplira pas son objet. Et les troupes qu'on pourrait y amener se trouveront, ainsi que je le suis, dans l'impossibilité de communiquer. Il faudrait en effet cinq ou six mille hommes pour entreprendre ce trajet avec sécurité ; encore faudrait-il admettre que Maroc n'augmentera pas les renforts fournis à l'Emir. . . . .
. . Et cependant je demeure convaincu qu'avec une persévérance de trois mois et les forces que nous avions à Oran (1), Abd-el-Kader tombait (2). Ses partisans les plus ardents se lassent d'être ruinés par lui, de voir leur commerce interrompu et leurs récoltes détruites, même par leurs alliés. Vous avez pu voir par les lettres de Bou-Ameydi que sa soumission à Abd-el-Kader est entière ; que ses pourparlers avec le capitaine Franconin n'indiquent aucune disposition à la soumission envers nous : cependant je n'aurais pas désespéré de l'y amener par les moyens qui seuls réussissaient aux Turcs : destruction des récoltes et incendie des baraques. Mais, ainsi que l'ont dit les Cabaïles à nos Arabes, *ils se trouvent entre deux glaives* ; s'ils évitent nos vengeances, en cessant de nous faire la guerre, ils seront détruits par l'Émir.

(1) Deux régiments étaient partis (2e léger et 11e de ligne).

(2) Le seul moyen à mon sens de faire tomber la puissance d'Abd-el-Kader, n'est pas de s'attacher à sa personne, mais bien aux tribus qui le reçoivent ; de détruire leurs récoltes et poursuivre leurs troupeaux. Il faut en même temps une protection assurée à celles qui lui refuseraient asile.

Et en effet l'Émir, étayé du roi de Maroc, et recevant des munitions de Maroc, est bien plus puissant que nous.

Je me résume donc, mon général, à penser qu'il est urgent, non seulement que vous nous tiriez de la position très difficile où nous nous trouvons, mais encore que quelques semaines soient employées avec des forces suffisantes pour en finir avec Abd-el-Kader, sans quoi il se relèvera plus puissant que ne l'avait fait une funeste politique. Vous jugerez de l'impatience avec laquelle j'attends de vous une réponse catégorique ; sans cela Maroc continuera ses hostilités. Il ne me resterait qu'à tenter un coup de désespoir, ce que je ne ferai cependant que quand toute autre voie me sera refusée.

Agréez, mon général, etc.

N° 4.

A M. le lieutenant-général baron Rapatel.

27 avril 1836.

Mon général,

La reconnaissance dont j'ai eu l'honneur de vous rendre compte dans mon dernier numéro, change nécessairement mes dispositions sur Tlemcen. Quoique je ne puisse me procurer aucun moyen d'espionnage, je conjecture avec presque certitude que sous peu de jours et probablement dès aujourd'hui (1), les Marocains seront retournés chez eux. J'ai donc lieu de croire que je pourrai parvenir à Tlemcen en deux journées, dès que les travaux seront terminés ici mais il me semble également certain que les Marocains, convoqués de nouveau, viendront nous y bloquer. Nous consommerons en peu de temps les provisions de la garnison; nous la compromettrons et nous nous compromettrons nous-mêmes.

(1) Les Marocains ne sont partis que le 30.

Mon premier désir est d'exécuter ici l'établissement prescrit par M. le maréchal. On y travaille avec activité sous la direction du colonel Le Mercier. Il y en a encore pour long-temps ; mais toujours faudra-t-il que cela ait une fin. Ne pas paraître à Tlemcen serait d'un bien mauvais effet : c'est un succès accordé à l'Émir. De plus, la garnison reste privée des objets de première nécessité, que je veux lui porter. Il faudra bien ramener à Oran le petit corps que je commande. L'embarquement avec mille chevaux me paraît impossible. Il faudra donc suivre la route par terre ; mais, mon général, c'est jouer si gros jeu, que je ne l'entreprendrai pas sans un ordre de vous. Je pense donc que le seul moyen de nous tirer sûrement, utilement et honorablement de notre position, consisterait dans un renfort de trois bataillons bien complets. Si vous nous les envoyez, je crois pouvoir vous répondre de la soumission des tribus de l'Ouest et des Beni-Amer, surtout en opérant à l'époque des récoltes.

Les tribus se fatiguent du despotisme ruineux d'Abd-el-Kader. Mais appuyé du roi de Maroc, il les tiendra toujours sous sa main. De plus il exalte leur ardeur, par l'annonce de succès imaginaires. C'est ainsi qu'il proclame une grande victoire remportée sur M. le maréchal. Il fait circuler dans les tribus, à l'appui de son dire, sept chameaux chargés de têtes de chrétiens. Ce sont ceux qu'on a négligés d'enterrer, ou qui ont été déterrés dans l'expédition de Médéah (1).

J'attends, mon général, votre réponse avec une vive impatience : elle intéresse vivement l'armée.

Je suis , etc.

----

(1) Cette prétendue charge de sept chameaux consistait peut-être dans 14 têtes ; car il paraît que M. le maréchal a perdu très peu d'hommes dans l'expédition précitée.

N° 5.

A M. le lieutenant-général Rapatel.

Même date, 27 avril. De la Tafna.

Mon général,

Je ne crois pas qu'il soit besoin de grands efforts pour appeler votre attention sur la conduite du souverain de Maroc envers nous.

Ces hostilités, que rien ne justifie, qu'aucune déclaration ne précède, peuvent à chaque instant comprometttre nos affaires de la manière la plus grave. C'est un vrai brigandage, que le gouvernement ne peut manquer de réprimer.

Vous voyez par la correspondance de Tlemcen qu'Abd-el-Kader, privé de munitions, en a été pourvu par l'État de Maroc. Lorsque je vins ici sur un territoire devenu français, accomplir une mission, contre laquelle je croyais n'éprouver que peu ou point d'obstacles, il me tombe inopinément une armée entière sur les bras. Les tribus qui seraient le plus disposées à se soumettre, ne l'osent en présence de l'Émir, dont la férocité les tient en crainte (1). Les mesures les plus atroces les compriment ; elles n'osent entamer ouvertement aucun commerce avec nous. Cependant leurs bonnes dispositions sont prouvées par l'empressement avec lequel elles approvisionnent le marché de Tlemcen (2). Depuis que notre

(1) Je ne veux pas dire qu'Abd-el-Kader soit féroce par goût : mais lorsqu'il sent le besoin d'intimider, les supplices les plus horribles sont appliqués par ses ordres.

(2) Ces bonnes dispositions tiennent ordinairement plus à l'amour du gain qu'à l'affection. Ainsi les Beni-Ouernid, voisins de Tlemcen, et qui nous ont toujours été hostiles, venaient au marché quand la présence de l'Émir ne les comprimait pas. D'une part, l'appât du profit, de l'autre, le besoin de vivres, déterminaient ces transactions.

présence ici fait diversion, ce n'est qu'avec les brigands
de Maroc que cet homme peut exercer ainsi une influence
qui ruine le pays. Si cet état de choses doit durer, nous de-
vrons forcément renoncer à nos établissements dans l'Ouest,
malgré les immenses avantages qu'ils offrent à notre puissance et à notre commerce : et notre drapeau perdra toute
considération dans ce pays. L'intervention seule du gouvernement peut faire cesser cet état de choses.

Je suis , etc.

N° 6.

*Copies de deux lettres de M. le M^{al} Clausel
au général d'Arlanges.*

1°. . . De Paris, 8 mai 1836.

MON CHER GÉNÉRAL,

J'ai reçu votre rapport; j'ai vu votre mouvement; j'ai
vu votre combat. *Établissez-vous bien sur la Tafna.* J'ai
pensé et je pense que vous ne resterez pas long-temps à
Tlemcen, et que vous regagnerez sans combat Oran. Évitez
sans besoin les combats.

J'ai fait accorder la croix d'officier à Mustapha, etc. . . .

Signé M^{al} CLAUSEL.

Pour copie conforme,

Le G^{al} D'ARLANGES.

N° 7.

2°. . . De Paris, 18 juillet 1836.

MON CHER GÉNÉRAL,

J'ai vu hier le général Perregaux, et j'ai appris par lui,

d'une manière certaine, que vous avez cru qu'on avait été mécontent de vous; et que c'est à cause de cela qu'on avait envoyé le général Bugeaud à la Tafna.

Le gouvernement a rendu et rend justice à vos services, à votre capacité, à votre expérience; et s'il a envoyé un général à la Tafna, c'est plutôt parce que 7,000 hommes avaient besoin de plusieurs généraux que pour tout autre motif.

Pour moi, je désirais qu'on envoyât un lieutenant-général; et je le désirais pour vous, pour le service, pour votre amour-propre.

Tout le monde a rendu justice à ce que vous avez fait le 15, et malgré beaucoup de monde, j'ai dit que vous et vos troupes aviez encore plus de droits à l'estime publique pour l'affaire du 25 avril, que je ne cesse de considérer en principe comme une reconnaissance.

Mais vous ne savez pas qu'ici, comme en Afrique, il y a des hommes qui veulent que nous soyons toujours battus, et dans cette circonstance, ils ont fait beaucoup de bruit et donné à la vérité des couleurs qu'elle n'a pas.

Venez sans crainte, vous serez bien accueilli. Vous avez fait combattre vaillamment vos troupes, et vos soldats un contre cinq. Il y a là de la gloire, et de la gloire assez pour faire peu de cas de quelques paroles sans portée.

Adieu, mon cher général; recevez la nouvelle assurance de mon estime bien sincère, du regret de vous voir quitter l'Afrique, et mes salutations les plus affectueuses.

Signé M^{al} CLAUSEL.

Pour copie conforme,

Le G^{al} D'ARLANGES.

PARIS. — IMPRIMERIE DE BOURGOGNE ET MARTINET,
rue Jacob, 30.

CAMP DE LA TAFNA

Ievé par le Capitaine d'Etat-Major Demartimprey.

(Mai 1836)

Gravé par Ch. Schreiber, rue de l'ancienne Comédie 7.

Lith. de L. Letronne.

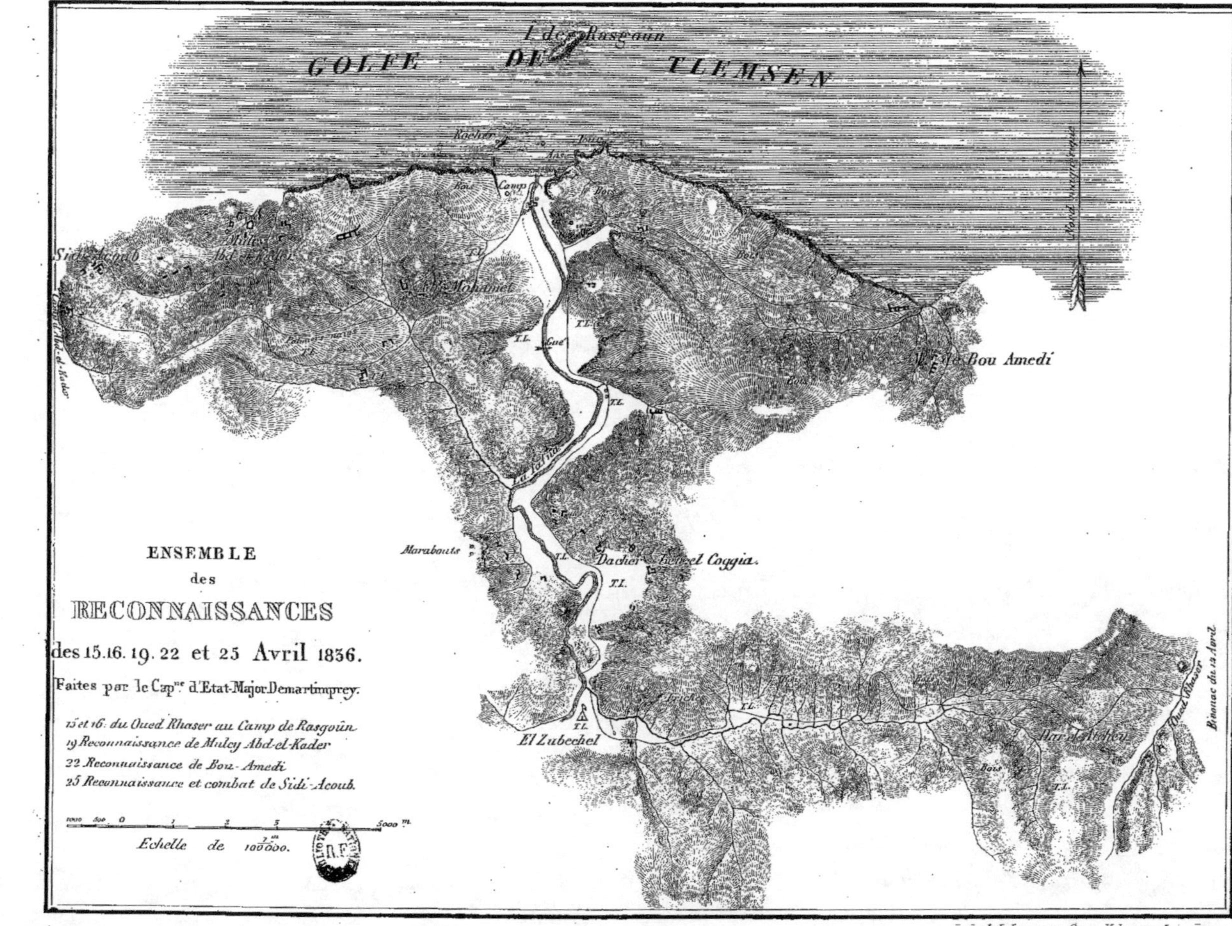

GOLFE DE TLEMSEN
I. de Rasgoun
Nord magnétique
Mers el Bou Amedi
Marabouts
Dacher bet el Coggia.
El Zubechel
Bivouac du 12 Avril
Oued Rhaser

ENSEMBLE
des
RECONNAISSANCES
des 15. 16. 19. 22 et 25 Avril 1836.
Faites par le Cap.ne d'Etat-Major Demartimprey.
15 et 16. du Oued Rhaser au Camp de Rasgoûn.
19 Reconnaissance de Muley Abd-el-Kader.
22 Reconnaissance de Bou-Amedi.
25 Reconnaissance et combat de Sidi-Acoub.
Echelle de 100 000.

Lith. de L. Lerronne, Quai Voltaire 15 a Paris.